Impressum
Verlag: BABADADA GmbH, Nedderfeld 112 , 22529 Hamburg
Geschäftsführer / Verlagsleitung: Harald Hof
Druck: Books on Demand GmbH, In de Tarpen 42, 22848 Norderstedt

Imprint
Publisher: BABADADA GmbH, Nedderfeld 112 , 22529 Hamburg, Germany
Managing Director / Publishing direction: Harald Hof
Print: Books on Demand GmbH, In de Tarpen 42, 22848 Norderstedt

1

სკოლა
koulu

საკლასო ოთახი
luokkahuone
გაყოფა
jakaa
186/2
taulu
სკოლის ეზო
koulunpiha
მასწავლებელი
opettaja
ქაღალდი
paperi
წერა
kirjoittaa
კალამი
kynä
მაგიდა
kirjoituspöytä
სახაზავი
viivoitin
წიგნი
kirja
მოსწავლე
oppilas

ზურგჩანთა

reppu

პენალი

penaali

ფანქარი

lyijykynä

ფანქრების სათლელი

kynänteroitin

საშლელი

pyyhekumi

ნახატების ალბომი

piirustuslehtiö

2 სკოლა - koulu

ნახატი

piirustus

ფუნჯი

pensseli

საღებავის ყუთი

vesivärit

მაკრატელი

sakset

წებო

liima

სავარჯიშო რვეული

harjoituskirja

საშინაო დავალება

kotitehtävä

12

ნომერი

luku

2+2

დამატება

lisätä

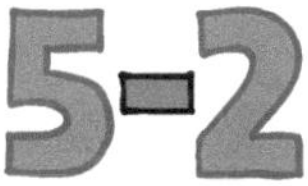

5-2

გამოკლება

vähentää

2×2

გამრავლება

kertoa

გამოთვლა

laskea

A

წერილი

kirjain

ABCDEFG
HIJKLMN
OPQRSTU
VWXYZ

ანბანი

aakkoset

სიტყვა

sana

ტექსტი

teksti

წაკითხვა

lukea

ცარცი

liitu

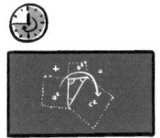

გაკვეთილი

oppitunti

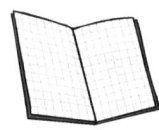

რეგისტრაცია

opettajan muistikirja

გამოცდა

koe

სერტიფიკატი

todistus

სკოლის ფორმა

koulupuku

განათლება

koulutus

ენციკლოპედია

sanakirja

უნივერსიტეტი

yliopisto

მიკროსკოპი

mikroskooppi

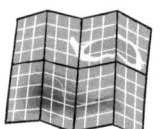

რუქა

kartta

კალათა ნარჩენი ქაღალდებისათვის

roskakori

მოგზაურობა

matka

სასტუმრო
hotelli
ჰოსტელი
retkeilymaja
ვალუტის გადაცვლის პუნქტი
rahanvaihto
ჩემოდანი
matkalaukku
მანქანა
auto

ენა

kieli

კი / არა

kyllä / ei

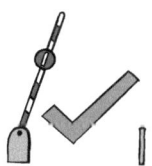

კარგი

selvä

გამარჯობა

hei

მთარგმნელი

tulkki

გმადლობთ

kiitos

რა ღირს... ?

Paljonko...maksaa?

ვერ გავიგე

en ymmärrä

პრობლემა

ongelma

აღამო მშვიდობისა!

Hyvää iltaa!

დილა მშვიდობისა!

Hyvää huomenta!

ღამე მშვიდობისა!

Hyvää yötä!

ნახვამდის

näkemiin

მიმართულება

suunta

ბარგი

matkatavarat

ჩანთა

laukku

ზურგჩანთა

reppu

სტუმარი

vieras

ოთახი

huone

საძილე ტომარა

makuupussi

კარავი

teltta

ურისტული ინფორმაცია

turisti-info

სანაპირო

ranta

საკრედიტო ბარათი

luottokortti

საუზმე

aamupala

ლანჩი

lounas

ვახშამი

päivällinen

ბილეთი

matkalippu

ლიფტი

hissi

საფოსტო მარკა

postimerkki

საზღვარი

raja

საბაჟო

tulli

საელჩო

suurlähetystö

ვიზა

viisumi

პასპორტი

passi

ტრანსპორტი
kuljetus

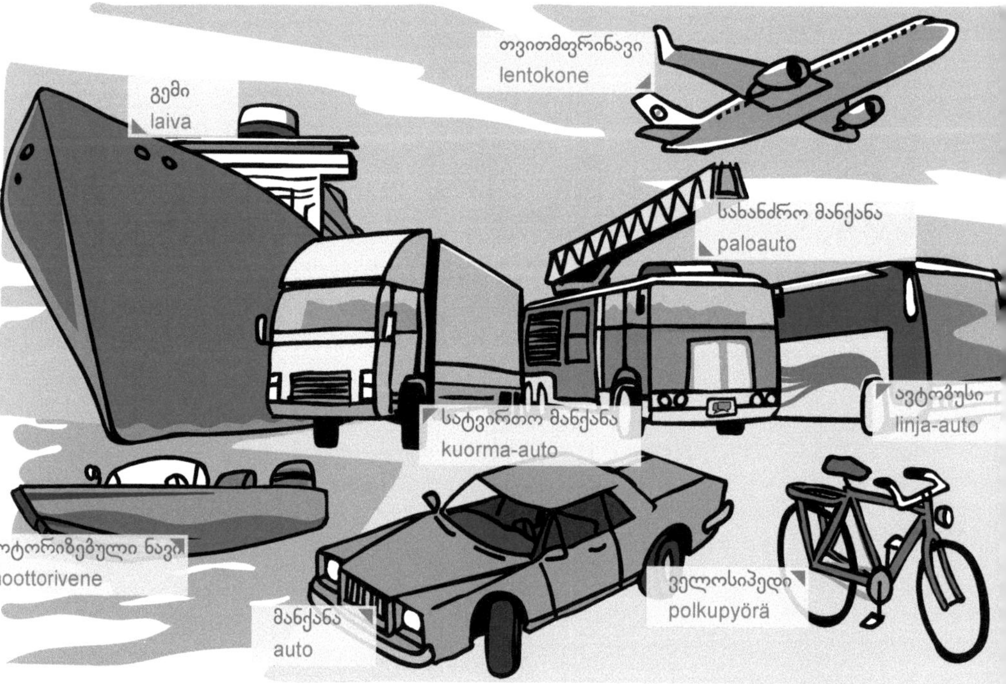

თვითმფრინავი
lentokone
გემი
laiva
სახანძრო მანქანა
paloauto
ავტობუსი
linja-auto
სატვირთო მანქანა
kuorma-auto
მოტორიზებული ნავი
moottorivene
ველოსიპედი
polkupyörä
მანქანა
auto

ბორანი

lautta

ნავი

vene

მოტოციკლი

moottoripyörä

პოლიციის მანქანა

poliisiauto

სარბოლო მანქანა

kilpa-auto

დაქირავებული მანქანა

vuokra-auto

მანქანის ერთობლივი მოხმარება

car sharing

საბუქსირე მანქანა

hinausauto

ნაგვის მანქანა

roska-auto

ძრავა

moottori

საწვავი

polttoaine

ბენზინგასამართი სადგური

huoltoasema

საგზაო ნიშანი

liikennemerkki

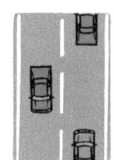

მოძრაობა

liikenne

საცობი

ruuhka

მანქანის სადგომი

parkkipaikka

მატარებლის სადგური

rautatieasema

ლიანდაგები

raiteet

მატარებელი

juna

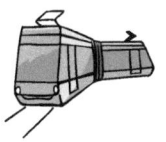

ტრამვაი

raitiovaunu

ვაგონი

vaunu

ვერტმფრენი
helikopteri

აეროპორტი
lentokenttä

კოშკი
lähilennonjohto

მგზავრი
matkustaja

კონტეინერი
kontti

მუყაოს ყუთი
pahvilaatikko

ურიკა
kärryt

კალათა
kori

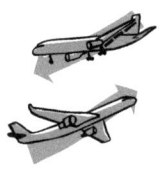

აფრენა / დაშვება
nousta / laskea

ქალაქი
kaupunki

სოფელი
kylä

ქალაქის ცენტრი
keskusta

სახლი
talo

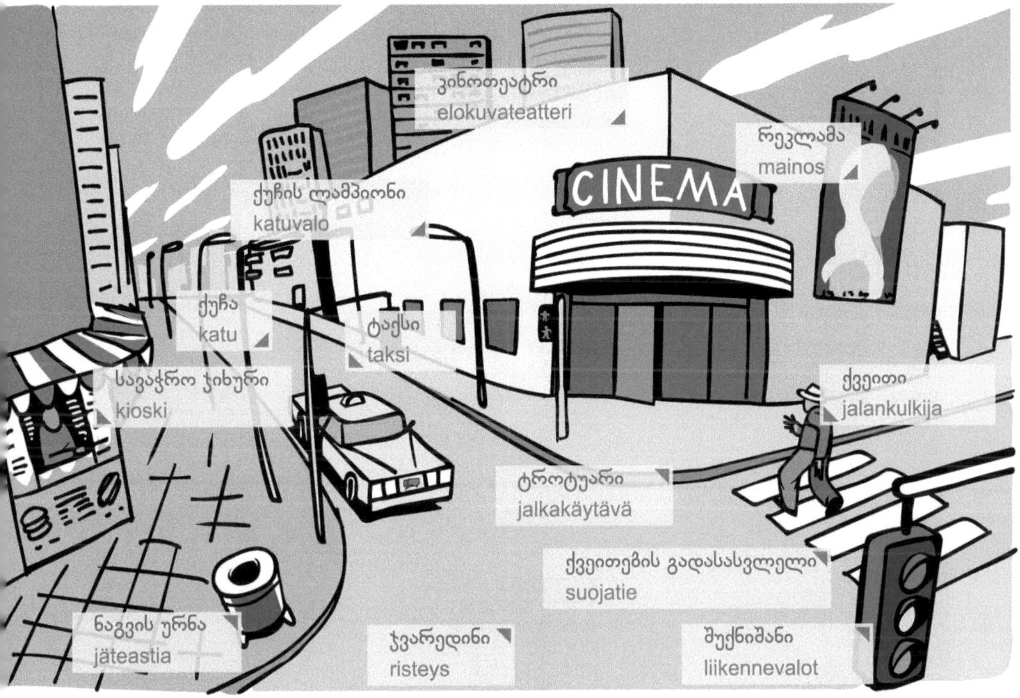

კინოთეატრი
elokuvateatteri

რეკლამა
mainos

ქუჩის ლამპიონი
katuvalo

CINEMA

ქუჩა
katu

ტაქსი
taksi

საგზაო ჯიხური
kioski

ქვეითი
jalankulkija

ტროტუარი
jalkakäytävä

ქვეითების გადასასვლელი
suojatie

ნაგვის ურნა
jäteastia

ჯვარედინი
risteys

შუქნიშანი
liikennevalot

ქოხი
mökki

ბინა
kerrostalo

მატარებლის სადგური
rautatieasema

მუნიციპალიტეტი
kaupungintalo

მუზეუმი
museo

სკოლა
koulu

უნივერსიტეტი

yliopisto

ბანკი

pankki

საავადმყოფო

sairaala

სასტუმრო

hotelli

აფთიაქი

apteekki

ოფისი

toimisto

წიგნების მაღაზია

kirjakauppa

მაღაზია

liike

ფლორისტი

kukkakauppa

სუპერმარკეტი

supermarketti

ბაზარი

tori

მაღაზიის განყოფილება

tavaratalo

თევზის გამყიდველი

kalakauppias

სავაჭრო ცენტრი

ostoskeskus

ნავსადგომი

satama

პარკი
puisto

გრძელი სკამი
penkki

ხიდი
silta

კიბეები
portaat

მიწისქვეშა გადასასვლელი
metro

გვირაბი
tunneli

ავტობუსის გაჩერება
linja-autopysäkki

ბარი
baari

რესტორანი
ravintola

საფოსტო ყუთი
postilaatikko

ქუჩის ნიშანი
katukyltti

პარკინგის საზომი
parkkimittari

ზოოპარკი
eläintarha

საცურაო აუზი
uimala

მეჩეთი
moskeija

ფერმა
maatila

გარემოს დაბინძურება
ympäristön saastuminen

სასაფლაო
hautausmaa

ეკლესია
kirkko

საბავშვო მოედანი
leikkikenttä

ტაძარი
temppeli

ლანდშაფტი
maisema

ფოთოლ
ი
lehti

გზის მანიშნებელი ნიშანი
tienviitta

გზა
tie

მდელო
niitty

ქვა
kivi

მოგზაური
retkeilijä

ხე
puu

მდინარე
joki

ბალახი
ruoho

ყვავილი
kukka

ხეობა
laakso

გორაკი
vuori

ტბა
järvi

ტყე
metsä

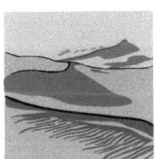

უდაბნო
aavikko

ვულკანი
tulivuori

ციხე
linna

ცისარტყელა
sateenkaari

სოკო
sieni

პალმა
palmu

კოღო
hyttynen

ბუზი
kärpänen

ჭიანჭველა
muurahainen

ფუტკარი
mehiläinen

ობობა
hämähäkki

ხოჭო

kovakuoriainen

ბაყაყი

sammakko

ციყვი

orava

ზღარბი

siili

კურდღელი

jänis

ბუ

pöllö

ფრინველი

lintu

გედი

joutsen

ტახი

villisika

ირემი

peura

ცხენ-ირემი

hirvi

კაშხალი

pato

ქარის ტურბინა

tuulimylly

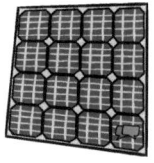

მზის ბატარეა

aurinkopaneeli

კლიმატი

ilmasto

რესტორანი

ravintola

მიმტანი
tarjoilija
მენიუ
ruokalista
სკამი
tuoli
სუპი
keitto
პიცა
pitsa
დანა-ჩანგალი
ruokailuvälineet
მაგიდაზე გადასაფარებელი
pöytäliina

საუზმე

alkuruoka

მთავარი კერძი

pääruoka

დესერტი

jälkiruoka

დასალევი

juomat

საჭმელი

ruoka

ბოთლი

pullo

სწრაფი კვება

pikaruoka

ქუჩის საჭმელი

katuruoka

ჩაიდანი

teekannu

საშაქრე

sokeriastia

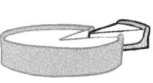

პორცია

annos

ესპრესოს მანქანა

espressokeitin

მაღალი სკამი

syöttötuoli

ანგარიში

lasku

ლანგარი

tarjotin

დანა

veitsi

ჩანგალი

haarukka

კოვზი

lusikka

ჩაის კოვზი

teelusikka

ხელსახოცი

servietti

ჭიქა

lasi

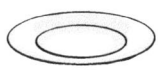

თეფში
lautanen

სუპის თეფში
syvä lautanen

ჩაის ლამბაქი
aluslautanen

საწებელი
kastike

სამარილე
suolasirotin

წიწაკის საფქვავი
pippurimylly

ძმარი
etikka

ზეთი
öljy

სანელებლები
mausteet

კეტჩუპი
ketsuppi

მდოგვი
sinappi

მაიონეზი
majoneesi

სუპერმარკეტი
supermarketti

სპეციალური შეთავაზება
tarjous
მომხმარებელი
asiakas
რძის ნაწარმი
maitotuotteet
ხილი
hedelmät
ostoskärryt

საყასბო

teurastamo

საცხობი

leipomo

აწონვა

punnita

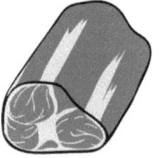

ბოსტნეული

kasvikset

ხორცი

liha

გაყინული საკვები

pakasteet

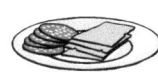

გრილი ხორცი

leikkele

კონსერვები

säilykkeet

სარეცხი ფხვნილი

pesujauhe

ტკბილეული

makeiset

საყოფაცხოვრებო პროდუქტები

kotitaloustarvikkeet

სარეცხი საშუალებები

puhdistusaineet

გამყიდველი

myyjä

სალარო

kassa

მოლარე

kassanhoitaja

საყიდლების სია

ostoslista

მუშაობის საათები

aukioloajat

პორტმანი

lompakko

საკრედიტო ბარათი

luottokortti

ჩანთა

kassi

პლასტიკური პარკი

muovipussi

დასალევი

juomat

წყალი

vesi

წვენი

mehu

რძე

maito

კოკა-კოლა

kokis

ღვინო

viini

ლუდი

olut

ალკოჰოლი

alkoholi

კაკაო

kaakao

ჩაი

tee

ყავა

kahvi

ესპრესო

espresso

კაპუჩინო

cappuccino

ბანანი

banaani

ვაშლი

omena

ფორთოხალი

appelsiini

საზამთრო

meloni

ლიმონი

sitruuna

სტაფილო

porkkana

ნიორი

valkosipuli

ბამბუკი

bambu

ხახვი

sipuli

სოკო

sieni

კაკალი

pähkinät

ატრია

spagetti

სპაგეტი

spagetti

ბრინჯი

riisi

სალათი

salaatti

ჩიპსები

ranskalaiset

შემწვარი კარტოფილი

paistetut perunat

პიცა

pitsa

ჰამბურგერი

hampurilainen

სენდვიჩი

voileipä

კოტლეტი

leike

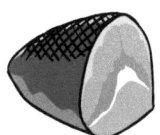

ლორი

kinkku

სალიამი

salami

ძეხვი

makkara

წიწილა

kana

შემწვარი ხორცი

paisti

თევზი

kala

შვრიის ფაფა

kaurahiutaleet

მუსლი

mysli

სიმინდის ფანტელები

murot

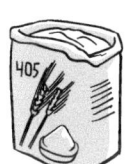

ფქვილი

jauho

კრუასანი

voisarvi

ბულკი

sämpylä

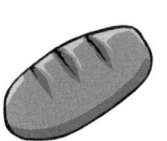

პური

leipä

ტოსტი

paahtoleipä

ნამცხვრები

keksit

კარაქი

voi

ხაჭო

rahka

ტორტი

kakku

კვერცხი

kananmuna

ერბო-კვერცხი

paistettu kananmuna

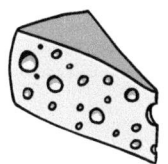

ყველი

juusto

ნაყინი
jäätelö

შაქარი
sokeri

თაფლი
hunaja

ჯემი
hillo

შოკოლადის კრემი
suklaapähkinälevite

კარი
curry

ფერმა
maatila

თავლა
lato; liiteri
ჩალის შეკვრა
heinäpaali
ყანა
pelto
ცხენი
hevonen
მისაბმელი
peräkärry
ტრაქტორი
traktori
კვიცი
varsa
ვირი
aasi
ცხვარი
lammas
ცხვარი
karitsa

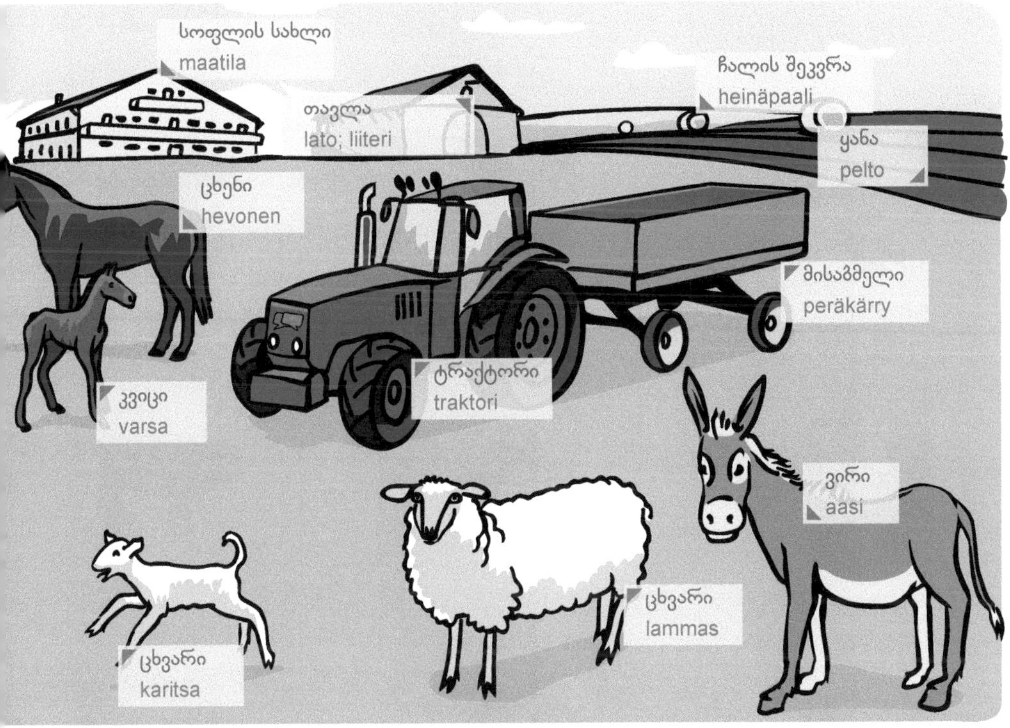

თხა

vuohi

ძროხა

lehmä

ხბო

vasikka

ღორი

sika

გოჭი

porsas

ხარი

sonni

ბატი

hanhi

იხვი

ankka

წიწილა

tipu

ქათამი

kana

მამალი

kukko

ვირთხა

rotta

კატა

kissa

თაგვი

hiiri

ხარი

härkä

ძაღლი

koira

საძაღლე

koirankoppi

ბაღის შლანგი

puutarhaletku

საბაღე წურწურა

kastelukannu

ცელი

viikate

გუთანი

aura

ნამგალი

sirppi

თოხი

kuokka

პატივის სახვეტი ჩანგალი

talikko

ცული

kirves

მაზიდი

kottikärryt

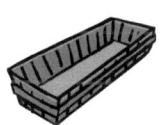

გობი

kaukalo

რძის ბიდონი

maitokannu

ტომარა

säkki

ღობე

aita

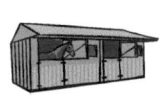

ბოსელი

talli

სათბური

kasvihuone

ნიადაგი

maa

თესლი

siemen

სასუქი

lannoite

მოსავლის ამღები კომბაინი

leikkuupuimuri

მოსავლის აღება

kerätä sato

მოსავალი

sato

იამი

jamssit

ხორბალი

vehnä

სოიო

soija

კარტოფილი

peruna

სიმინდი

maissi

სარეველას თესლი

rypsi

ხეხილი

hedelmäpuu

მანიოკი

maniokki

მარცვლეული

vilja

30

ფერმა - maatila

სახლი

talo

ბუხარი
savupiippu
სახურავი
katto
წყალსადინარი მილი
sadevesikouru
ფანჯარა
ikkuna
ავტოფარეხი
autotalli
კარის ზარი
ovikello
კარი
ovi
ნაგვის ყუთი
roska-astia
საფოსტო ყუთი
postilaatikko
ბაღი
puutarha

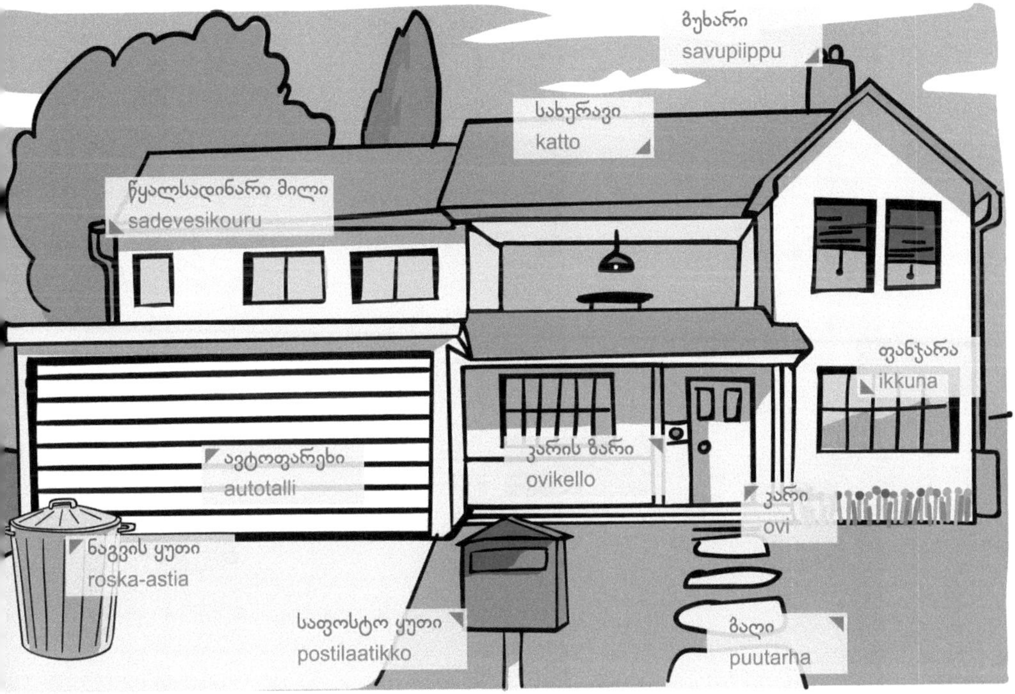

მისაღები ოთახი

olohuone

აბაზანა

kylpyhuone

სამზარეულო

keittiö

საძინებელი

makuuhuone

საბავშვო ოთახი

lastenhuone

სასადილო ოთახი

ruokahuone

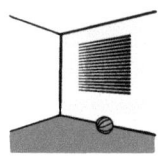

სართული

lattia

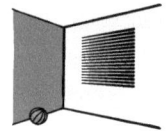

კედელი

seinä

ჭერი

katto

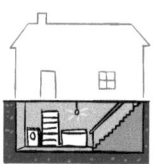

სარდაფი

kellari

საუნა

sauna

აივანი

parveke

ტერასა

terassi

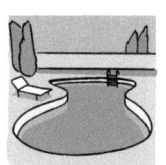

აუზი

uima-allas

გაზონის საკრეჭი

ruohonleikkuri

საბნის კონვერტი

lakana

საწოლი

päiväpeitto

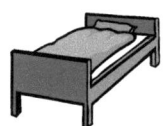

ლოგინი

sänky

ცოცხი

harja

სათლი

ämpäri

გადამრთველი

katkaisin

მისაღები ოთახი

olohuone

შპალერი
tapetti
ნახატი
kuva
ნათურა
lamppu
თარო
hylly
კარადა
kaappi
ტელევიზორი
televisio
ბუხარი
takka
ყვავილი
kukka
ბალიში
tyyny
დივანი
sohva
ვაზა
maljakko
დისტანციური მართვა
kaukosäädin

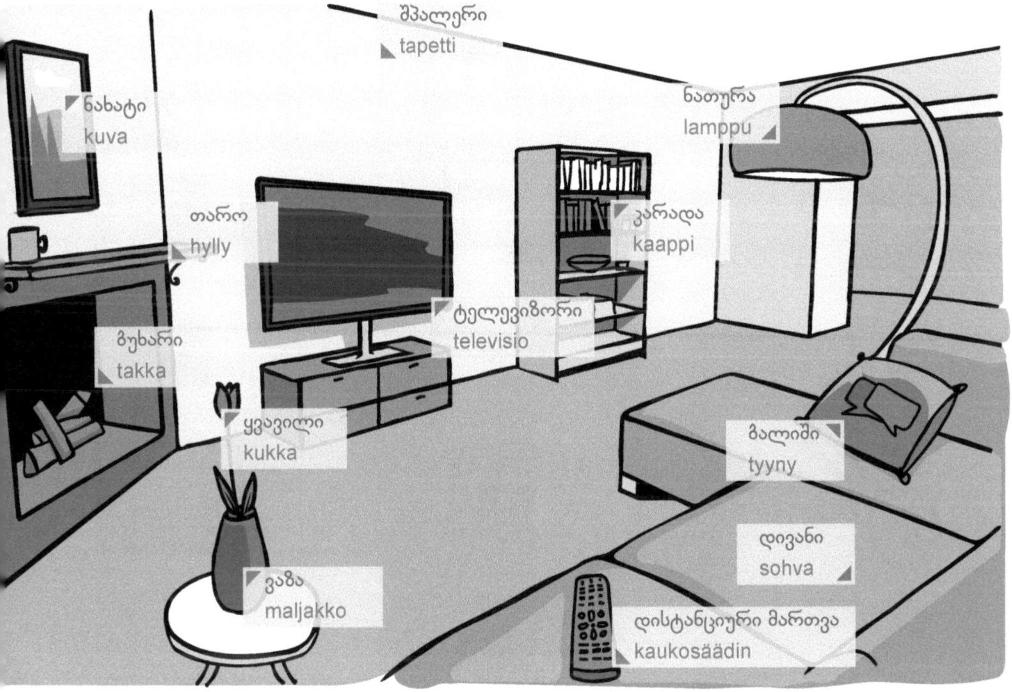

ხალიჩა

matto

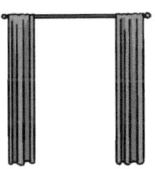

ფარდა

verho

მაგიდა

pöytä

სკამი

tuoli

სარწეველა სკამი

keinutuoli

სავარძელი

nojatuoli

წიგნი
kirja

საბანი
peitto

დეკორაცია
koriste

შეშა
polttopuut

ფილმი
elokuva

hi-fi მოწყობილობები
stereot

გასაღები
avain

გაზეთი
sanomalehti

ფერწერა
maalaus

პლაკატი
juliste

რადიო
radio

ბლოკნოტი
muistivihko

მტვერსასრუტი
pölynimuri

კაქტუსი
kaktus

სანთელი
kynttilä

სამზარეულო
keittiö

მაცივარი
jääkaappi
მიკრო-ტალღური ღუმელი
mikroaaltouuni
სამზარეულოს სასწორი
keittiövaaka
ტოსტერი
leivänpaahdin
სარეცხი საშუალება
pesuaine
ღუმელი
leivinuuni
საყინულე
pakastinlokero
ნაგვის ყუთი
roska-astia
ჭურჭლის სარეცხი მანქანა
astianpesukone

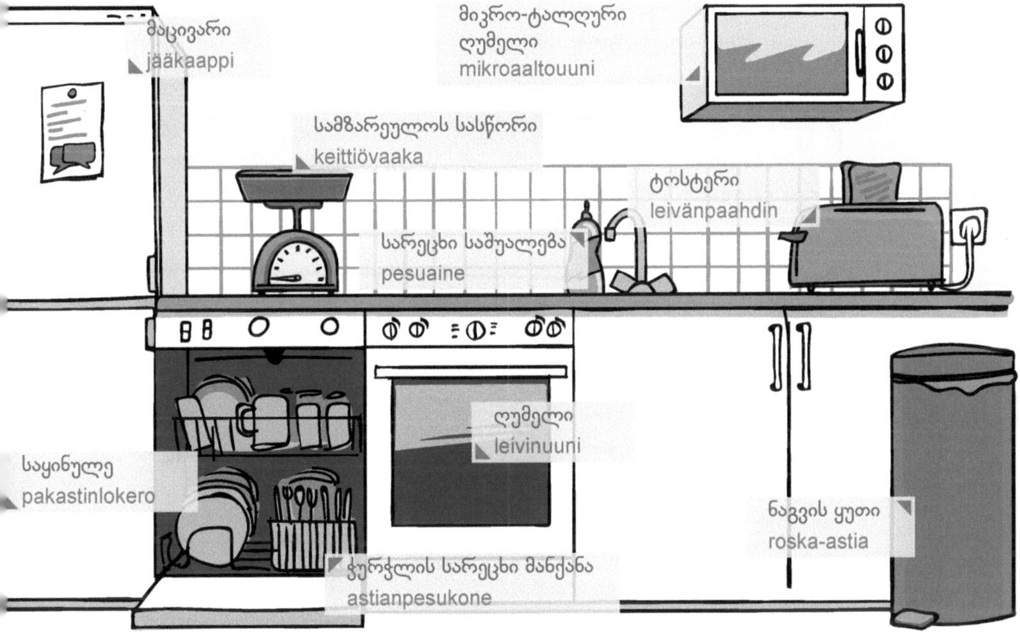

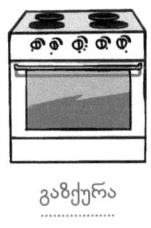

გაზქურა
liesi

ქოთანი
kattila

თუჯის ქვაბი
rautapata

ტაფა ამობერილი ფსკერით
vokkipannu / kadai-pannu

ტაფა
paistinpannu

ჩაიდანი
teepannu

სამზარეულო - keittiö 35

ორთქლსახარში

höyrykeitin

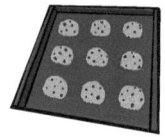

საცხობი ლანგარი

uunipelti

ჭურჭელი

astiat

კათხა

muki

თასი

kulho

ჩინური ჩხირები

syömäpuikot

ჩამჩა

kauha

ფითხი

paistinlasta

სათქვეფელა

vispilä

საწური

siivilä

საცერი

siivilä

სახეხი

raastin

სანაყი

mortteli

გრილი

grilli

კოცონი

avotuli

დაფა

leikkuulauta

საგორავი

kaulin

ბურღი

korkinavaaja

ქილა

purkki

ქილის გასახსნელი

purkinavaaja

ქოთნის დამჭერი

pannulappu

ნიჟარა

lavuaari

ფუნჯი

tiskiharja

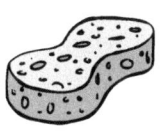

ღრუბელი

pesusieni

ბლენდერი

tehosekoitin

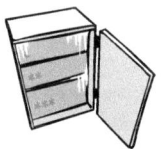

საყინულე კამერა

pakastin

საბავშვო ბოთლი

tuttipullo

ონკანი

vesihana

აბაზანა

kylpyhuone

შხაპი
suihku
გათბობა
lämmitys
პირსახოცი
pyyhe
საშხაპე ფარდა
suihkuverho
ღრუბლიანი აბანო
vaahtokylpy
ვანა
kylpyamme
ჭიქა
lasi
სარეცხი მანქანა
pesukone
ონკანი
vesihana
ფილები
kaakelit
ღამის ქოთანი
potta
ნიჟარა
lavuaari

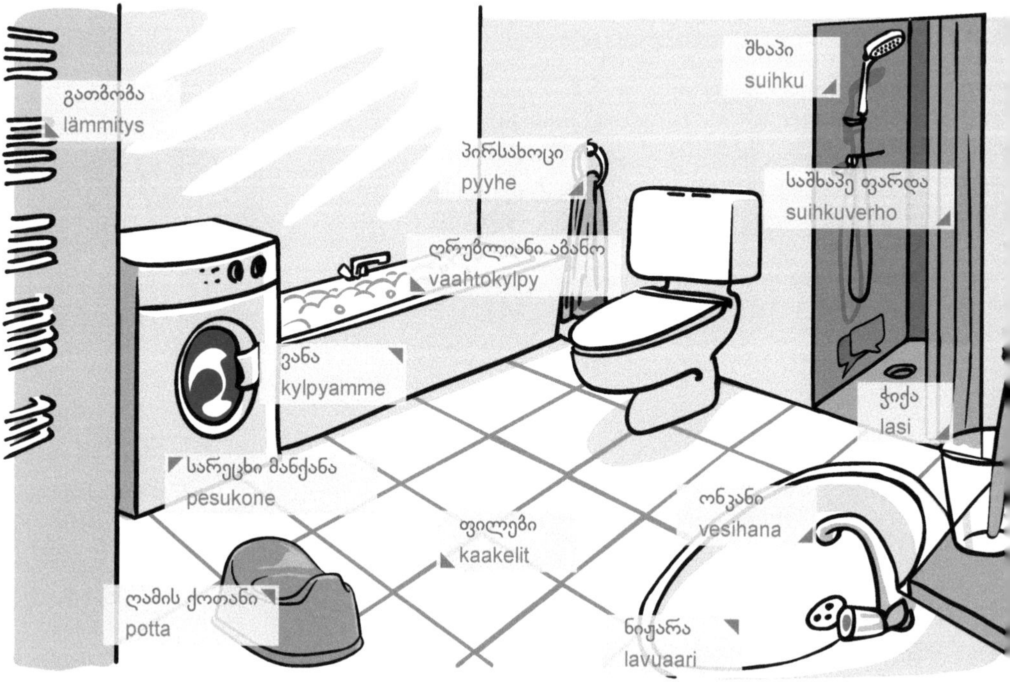

ტუალეტი

vessa

იატაკის ტუალეტი

kyykkyvessa

ბიდე

bidee

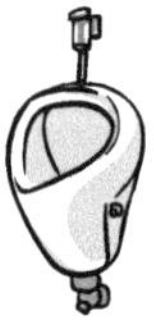

კედლის პისუარი

pisuaari

ტუალეტის ქაღალდი

vessapaperi

ტუალეტის ჯაგრისი

vessaharja

კბილის ჯაგრისი

hammasharja

კბილის პასტა

hammastahna

კბილის ძაფი

hammaslanka

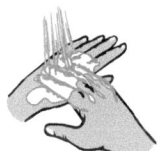

რეცხვა

pestä

ხელის შხაპი

käsisuihku

ინტიმური შხაპი

intiimisuihku

ტაშტი

pesuvati

ზურგის სახეხი ფუნჯი

selkäharja

საპონი

saippua

შხაპის გელი

suihkugeeli

შამპუნი

shampoo

ნეჭა

pesulappu

სანიაღვრე

viemäri

კრემი

voide

დეოდორანტი

deodorantti

სარკე

peili

ხელის სარკე

käsipeili

ბრიტვა

partaveitsi

საპარსი ქაფი

partavaahto

საშუალება გაპარსვის შემდეგ

partavesi

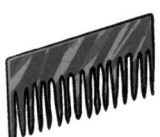

სავარცხელი

kampa

ჯაგრისი

harja

თმის საშრობი

hiustenkuivaaja

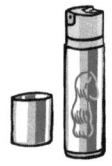

თმის ლაქი

hiuslakka

კოსმეტიკა

meikki

ტუჩების პომადა

huulipuna

ფრჩხილის ლაქი

kynsilakka

ბამბა

pumpuli

ფრჩხილის მაკრატელი

kynsisakset

სუნამო

hajuvesi

კოსმეტიკის ჩანთა

kosmetiikkalaukku

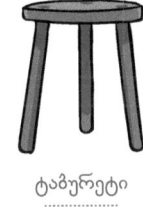

ტაბურეტი

jakkara

სასწორი

vaaka

სააბაზანო ხალათი

kylpytakki

რეზინის ხელთათმანები

kumihansikkaat

ტამპონი

tamponi

სანიტარული პირსახოცი

terveysside

ბიო-ტუალეტი

kemiallinen wc

საბავშვო ოთახი
lastenhuone

მაღვიძარა
herätyskello
რბილი სათამაშო
pehmolelu
სათამაშო მანქანა
leikkiauto
ჩხარუნა სათამაშო
helistin
თოჯინების სახლი
nukkekoti
საჩუქარი
lahja

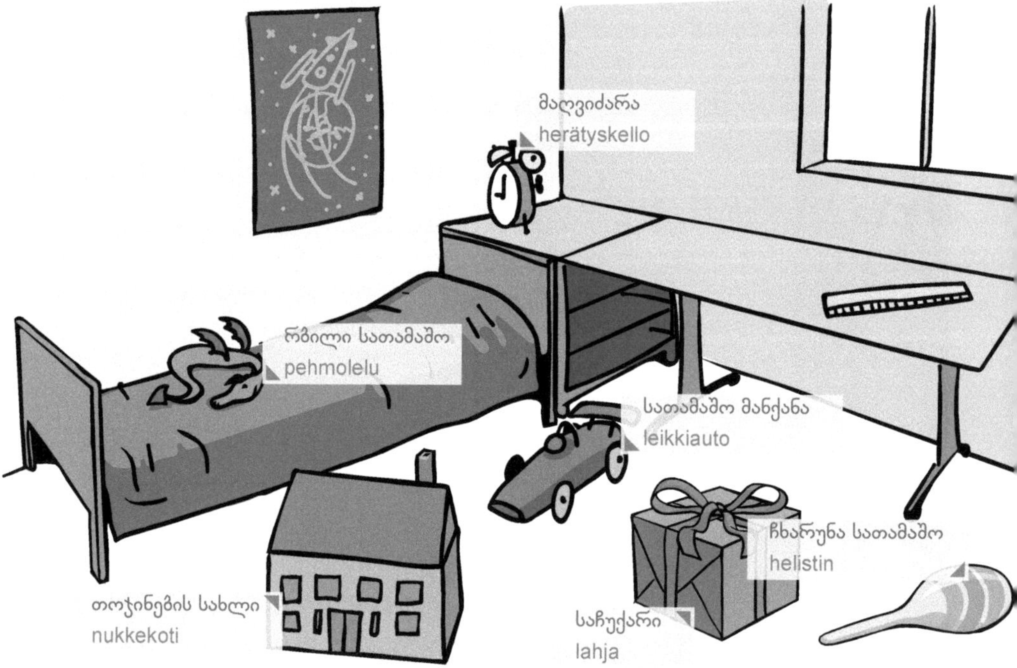

ბუშტი

ilmapallo

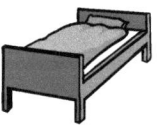

ლოგინი

sänky

საბავშვო ეტლი

lastenvaunut

კარტის თამაში

korttipeli

პაზლი

palapeli

კომიკსი

sarjakuva

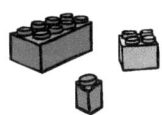

ლეგოს აგურები

legopalikat

ასაშენებელი კუბიკები

rakennuspalikat

სათამაშო ფიგურა

supersankari

საცოცავი

potkupuku

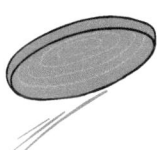

ფრისბი

frisbee

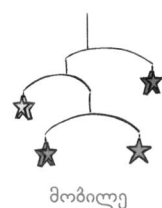

მობილე

mobile

სამაგიდო თამაში

lautapeli

კამათელი

noppa

რკინიგზის მოდელი

pienoisjunarata

საწოვარა

tutti

წვეულება

juhlat

წიგნი ხახატებით

kuvakirja

ბურთი

pallo

თოჯინა

nukke

თამაში

leikkiä

საქვიშარი

hiekkalaatikko

საქანელა

keinu

სათამაშოები

lelut

ვიდეო თამაშის კონსოლი

pelikonsoli

სამთვლიანი ველოსიპედი

kolmipyörä

დათუნია

nalle

გარდერობი

vaatekaappi

ტანსაცმელი

vaatteet

წინდები

sukat

ჩულქები

nylonsukat

კოლგოტები

sukkahousut

შარფი
kaulaliina
ქოლგა
sateenvarjo
მკლავებიანი მაისური
t-paita
ქამარი
vyö
ფეხსაცმელი
saappaat
ჩუსტები
sisätossut
ბოტასები
lenkkarit

სანდლები

sandaalit

ფეხსაცმელი

kengät

რეზინის ჩექმები

kumisaappaat

ტრუსები

alushousut

ბიუსჰალტერი

rintaliivit

მაისური

aluspaita

სხეული

body

შარვალი

housut

ჯინსი

farkut

ქვედაკაბა

hame

ბლუზი

pusero

პერანგი

paita

სვიტრი

villapaita

კაპიუშონიანი ჟაკეტი

collegepaita

სპორტული ქურთუკი

jakku

ჟაკეტი

takki

პალტო

takki

საწვიმარი

sadetakki

კოსტუმი

puku

კაბა

mekko

საქორწილო კაბა

hääpuku

კაცის კოსტიუმი

puku

ღამის პერანგი

yöpaita

პიჟამოები

pyjama

სარი

shari

თავშალი

päähuivi

ტურბანი

turbaani

ჩადრი

burka

ხიფთანი

kaftaani

აბაია

abaya

საცურაო კოსტუმი

uimapuku

ჩემოდნები

uimahousut

შორტები

shortsit

სპორტული კოსტიუმი

verkkarit

წინსაფარი

esiliina

ხელთათმანები

käsineet

ღილი
....
nappi

სათვალეები
....
silmälasit

სამაჯური
....
rannekoru

ყელსაბამი
....
kaulakoru

ბეჭედი
....
sormus

საყურე
....
korvakoru

კეპი
....
lippalakki

საკიდი
....
ripustin

ქუდი
....
hattu

ჰალსტუხი
....
solmio

ელვა-შესაკრავის შეკვრა
....
vetoketju

ჩაფხუტი
....
kypärä

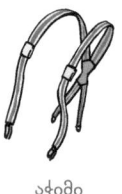

აჭიმი
....
henkselit

სკოლის ფორმა
....
koulupuku

ფორმა
....
univormu

ბავშვის წინსაფარი

ruokalappu

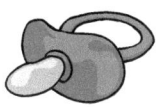

საწოვარა

tutti

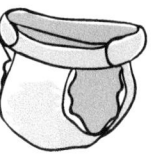

პამპერსი

vaippa

ოფისი

toimisto

სერვერი
palvelin
საკანცელარიო კარადა
asiakirjakaappi
პრინტერი
tulostin
ქაღალდი
paperi
მონიტორი
näyttö
თაგვი
hiiri
მაგიდა
kirjoituspöytä
საქაღალდე
kansio
კლავიატურა
näppäimistö
ათა ნარჩენი ქაღალდებისათვი
akori
სკამი
tuoli
კომპიუტერი
tietokone

ყავის ფინჯანი

kahvimuki

კალკულატორი

taskulaskin

ინტერნეტი

internet

ლეპტოპი
kannettava tietokone

წერილი
kirje

მესიჯი
viesti

მობილური ტელეფონი
kännykkä

ქსელი
verkko

სკანერი
kopiokone

პროგრამული
უზრუნველყოფა
ohjelmisto

ტელეფონი
puhelin

როზეტი
pistorasia

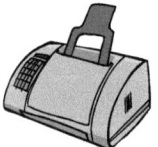

ფაქსის მანქანა
faksi

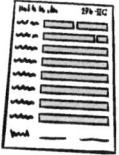

ფორმულარი
lomake

დოკუმენტი
asiakirja

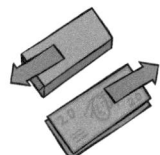

ყიდვა

ostaa

გადახდა

maksaa

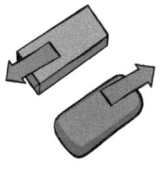

ვაჭრობა

vaihtaa

ფული

raha

დოლარი

dollari

ევრო

euro

იენი

jeni

რუბლი

rupla

შვეიცარული ფრანკი

frangi

ჟენმინბი იუანი

renminbi juan

რუპი

rupia

ბანკომატი

pankkiautomaatti

ვალუტის გადაცვლის პუნქტი
rahanvaihto

ოქრო
kulta

ვერცხლი
hopea

ნავთობი
öljy

ენერგია
energia

ფასი
hinta

ხელშეკრულება
sopimus

გადასახადი
vero

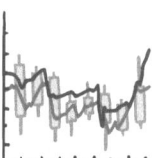

აქცია
osake

მუშაობა
työskennellä

თანამშრომელი
työntekijä

დამსაქმებელი
työnantaja

ქარხანა
tehdas

მაღაზია
liike

52

ეკონომიკა - talous

პროფესიები
ammatit

პოლიციის ოფიცერი
poliisi
მეხანძრე
palomies
მზარეული
kokki
ექიმი
lääkäri
მფრინავი
lentäjä

მებაღე

puutarhuri

დურგალი

puuseppä

თეთრეულის მკერავი ქალბატონი

ompelija

მოსამართლე

tuomari

ქიმიკოსი

kemisti

მსახიობი

näyttelijä

ავტობუსის მძღოლი

linja-autonkuljettaja

ტაქსის მძღოლი

taksinkuljettaja

მეთევზე

kalastaja

დამლაგებელი ქალბატონი

siivooja

სახურავის ოსტატი

katontekijä

მიმტანი

tarjoilija

მონადირე

metsästäjä

ფერმწერი

maalari

მცხობელი

leipuri

ელექტრიკოსი

sähköasentaja

მშენებელი

rakentaja

ინჟინერი

insinööri

ყასაბი

teurastaja

სანტექნიკოსი

putkiasentaja

ფოსტალიონი

postinjakaja

ჯარისკაცი

sotilas

არქიტექტორი

arkkitehti

მოლარე

kassanhoitaja

ფლორისტი

floristi

პარიკმახერი

kampaaja

კონდუქტორი

konduktööri

მექანიკოსი

mekaanikko

კაპიტანი

kapteeni

სტომატოლოგი

hammaslääkäri

მეცნიერი

tiedemies

რაბინი

rabbi

იმამი

imaami

ბერი

munkki

სასულიერო პირი

pappi

იარაღები
työkalut

ჩაქუჩი
vasara
ბრტყელტუჩა
pihdit
სახრახნისი
ruuvimeisseli
ქანჩის გასაღები
jakoavain
ჯიბის სანათი
taskulamppu

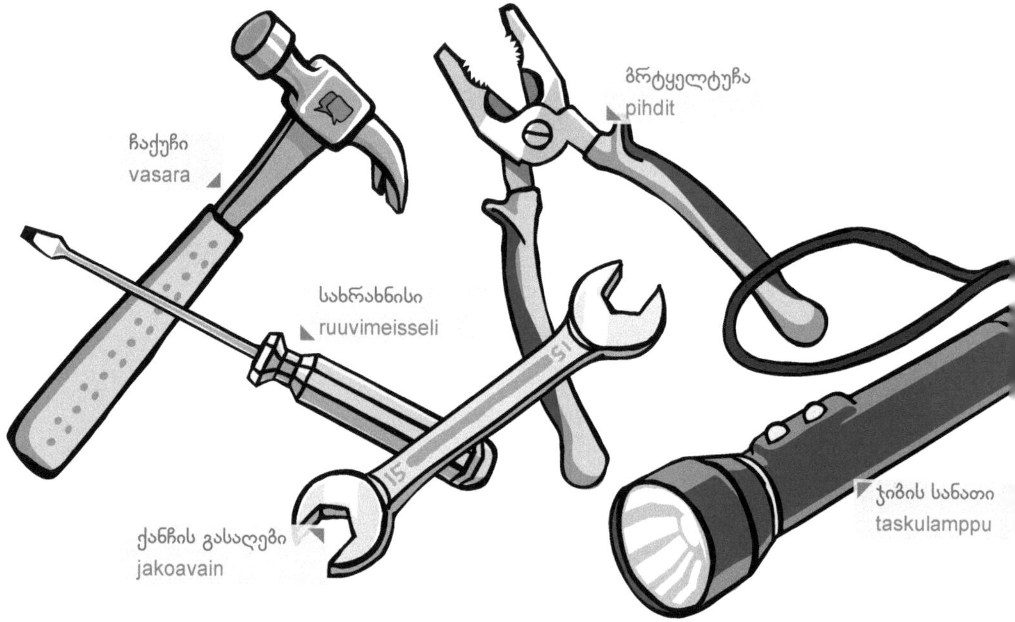

ექსკავატორი
kaivinkone

იარაღების ყუთი
työkalupakki

კიბე
tikkaat

ხერხი
saha

ლურსმნები
naulat

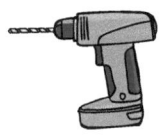

საბურღი
pora

შეკეთება

korjata

ნიჩაბი

lapio

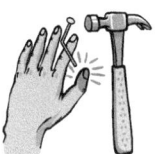

ანდაბა!

Hitto!

აქანდაზი

rikkalapio

საღებავის ქოთანი

maalipurkki

ხრახნები

ruuvit

მუსიკალური ინსტრუმენტები

soittimet

რეპროდუქტორ
ი
kaiuttimet
დასარტყამი ინსტრუმენტების კრებული
rummut
გიტარა
kitara
კონტრაბასი
kontrabasso
საყვირი
trumpetti

მუსიკალური ინსტრუმენტები - soittimet 57

ფორტეპიანო

piano

ვიოლინო

viulu

ბასი

basso

ტიმპანონი

patarummut

დასარტყამები

rumpu

კლავიშები

kosketinsoitin

საქსოფონი

saksofoni

ფლეიტა

huilu

მიკროფონი

mikrofoni

ზოოპარკი

eläintarha

შესასვლელი
sisäänkäynti
ვეფხვი
tiikeri
გალია
häkki
ზებრა
seepra
ცხოველთა საკვები
eläinten ruoka
პანდა
panda

ცხოველები

eläimet

სპილო

norsu

კენგურუ

kenguru

მარტორქა

sarvikuono

გორილა

gorilla

დათვი

karhu

აქლემი
kameli

სირაქლემა
strutsi

ლომი
leijona

მაიმუნი
apina

ფლამინგო
flamingo

თუთიყუში
papukaija

პოლარული დათვი
jääkarhu

პინგვინი
pingviini

ზვიგენი
hai

ფარშევანგი
riikinkukko

გველი
käärme

ნიანგი
krokotiili

ზოოპარკის მფლობელი
eläintarhanhoitaja

სელაპი
hylje

იაგუარი
jaguaari

პონი
poni

ლეოპარდი
leopardi

ბეჰემოტი
virtahepo

ჟირაფი
kirahvi

არწივი
kotka

ტახი
villisika

თევზი
kala

კუ
kilpikonna

მორჟი
mursu

მელა
kettu

გაზელი
gaselli

სპორტი

urheilu

ამერიკული ფეხბურთი
amerikkalainen jalkapallo
ველოსპორტი
pyöräily
ჩოგბურთი
tennis
კალათბურთი
koripallo
ცურვა
uinti
კრივი
nyrkkeily
ყინულის ჰოკეი
jääkiekko

ფეხბურთი

jalkapallo

ბადმინტონი

sulkapallo

მძლეოსნობა

yleisurheilu

ხელბურთი

käsipallo

სათხილამურო სპორტი

hiihto

წყლის პოლო

poolo

დაცინვა
nauraa
ადახტომა
ypätä
ჩახუტება
halata
სეირნობა
kävellä
სიმღერა
laulaa
ოცნებობა
unelmoida
ლოცვა
rukoilla
კოცნა
suudella

წერა

kirjoittaa

დახატვა

piirtää

ჩვენება

näyttää

დაჭერა

painaa

მიცემა

antaa

აღება

ottaa

ქონა
omistaa

კეთება
tehdä

ყოფნა
olla

დგომა
seisoa

გარბენა
juosta

მოქაჩვა
vetää

გადაყრა
heittää

დაცემა
kaatua

ტყუილის თქმა
maata

მოცდენა
odottaa

ტარება
kantaa

ჯდომა
istua

ჩაცმა
pukeutua

ძილი
nukkua

გაღვიძება
herätä

დათვალიერება
katsoa

ტირილი
itkeä

გაუთოება
silittää

დავარცხნა
kammata

ლაპარაკი
puhua

გაგება
ymmärtää

შეკითხვა
kysyä

მოსმენა
kuunnella

დალევა
juoda

ჭამა
syödä

დალაგება
siivota

ყვარება
rakastaa

კერძების მზადება
keittää

სვლა
ajaa

ფრენა
lentää

აფრის ქვეშ სიარული
purjehtia

გამოთვლა
laskea

წაკითხვა
lukea

შესწავლა
oppia

მუშაობა
työskennellä

ქორწინება
mennä naimisiin

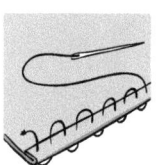
კერვა
ommella

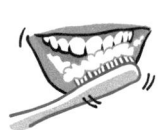
კბილების ხეხვა
pestä hampaat

მოკვლა
tappaa

მოწევა
tupakoida

გაგზავნა
lähettää

ბებია
mummo
ბაბუა
ukki
მამა
isä
დედა
äiti
ბავშვი
vauva
ქალიშვილი
tytär
ვაჟიშვილი
poika

სტუმარი

vieras

დეიდა

täti

ბიძა

setä

ძმა

veli

და

sisko

სხეული
vartalo

შუბლი
otsa
თვალი
silmä
მხარი
olkapää
თითი
sormet
სახე
kasvot
ნიკაპი
leuka
ხელი
käsi
ფეხი
jalka
მკერდი
rinta
მკლავი
käsivarsi

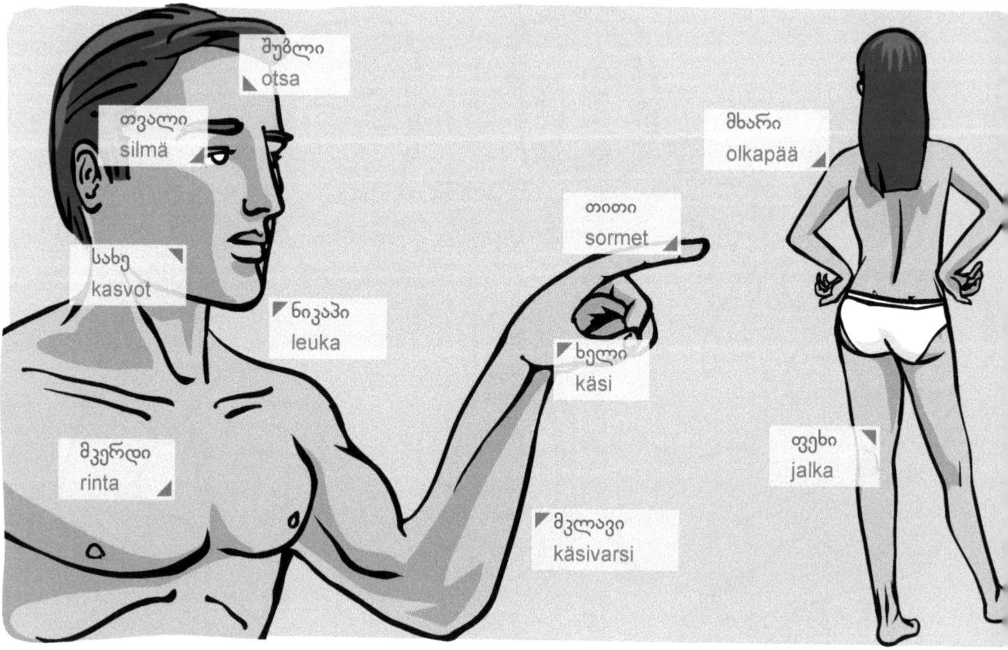

ბავშვი

vauva

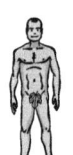

კაცი

mies

ქალი

nainen

გოგო

tyttö

ბიჭი

poika

თავი

pää

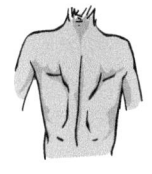

ზურგი

selkä

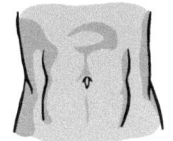

მუცელი

maha

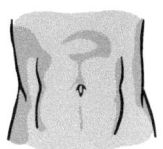

ჭიპი

napa

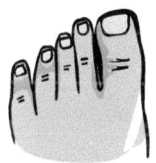

ფეხის თითი

varvas

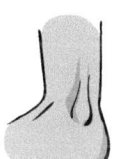

ქუსლი

kantapää

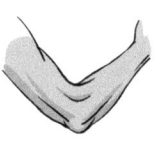

ძვალი

luu

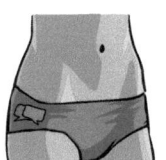

ბარძაყი

lantio

მუხლი

polvi

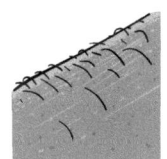

იდაყვი

kyynärpää

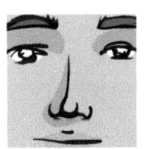

ცხვირი

nenä

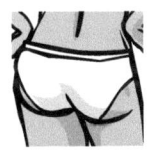

დუნდულა

takapuoli

კანი

iho

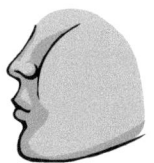

ლოყა

poski

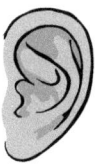

ყური

korva

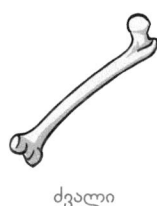

ტუჩი

huuli

პირი

suu

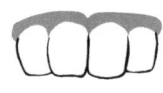

კბილი

hammas

ენა

kieli

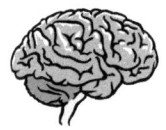

ტვინი

aivot

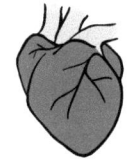

გული

sydän

კუნთი

lihas

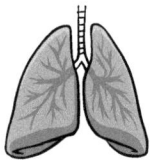

ფილტვი

keuhkot

ღვიძლი

maksa

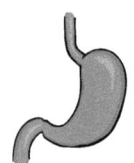

კუჭი

vatsa

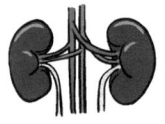

თირკმელები

munuaiset

სექსი

seksi

პრეზერვატივი

kondomi

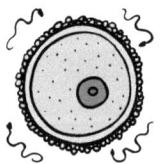

კვერცხუჯრედი

munasolu

სპერმა

sperma

ორსულობა

raskaus

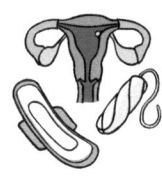

მენსტრუაცია

kuukautiset

საშო

vagina

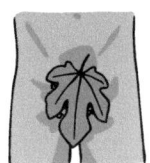

პენისი

penis

წარბი

kulmakarvat

თმა

hiukset

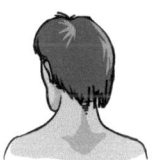

კისერი

niska

საავადმყოფო

sairaala

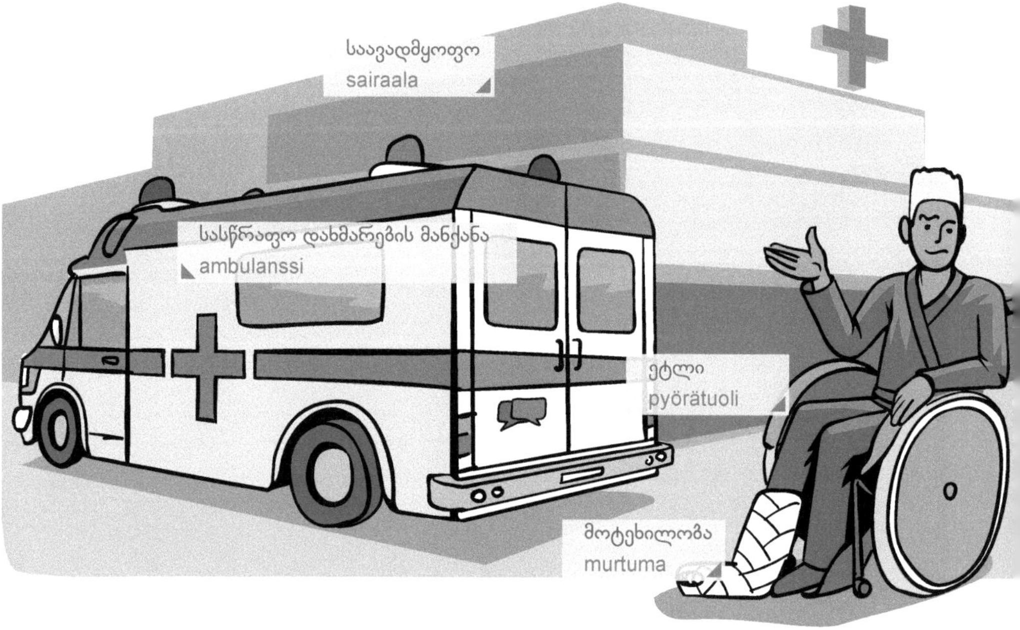

საავადმყოფო
sairaala
სასწრაფო დახმარების მანქანა
ambulanssi
ეტლი
pyörätuoli
მოტეხილობა
murtuma

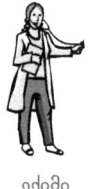

ექიმი

lääkäri

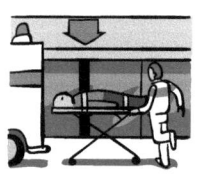

პირველი დახმარების ოთახი

ensiapu

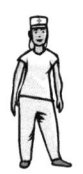

მედდა

sairaanhoitaja

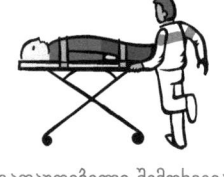

გადაუდებელი შემთხვევა

hätätilanne

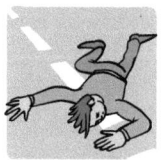

უგონოდ მყოფი

tajuton

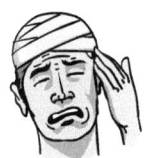

ტკივილი

kipu

დაზიანება

vamma

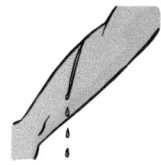

სისხლდენა

verenvuoto

გულის შეტევა

sydänkohtaus

ინსულტი

aivoinfarkti

ალერგია

allergia

ხველა

yskä

ცხელება

kuume

გრიპი

flunssa

დიარეა

ripuli

თავის ტკივილი

päänsärky

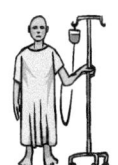

კიბო

syöpä

დიაბეტი

diabetes

ქირურგი

kirurgi

სკალპელი

veitsi

ოპერაცია

leikkaus

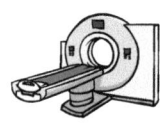

კტ

ct

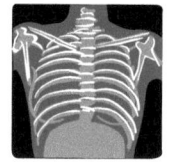

რენტგენი

röntgen

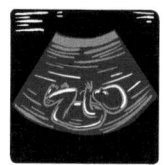

ულტრაბგერა

ultraääni

ნიღაბი

maski

დაავადება

sairaus

მოსაცდელი ოთახი

odotushuone

ყავარჯენი

sauva

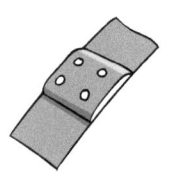

თაბაშირი

laastari

ბინტი

side

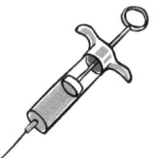

ინექცია

pistos

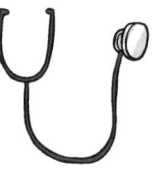

სტეტოსკოპი

stetoskooppi

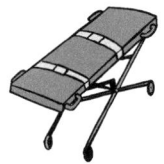

საკაცე

paarit

თერმომეტრი

kuumemittari

დაბადება

syntymä

ჭარბი წონა

ylipaino

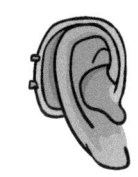

სმენის აპარატი

kuulolaite

სადეზინფექციო საშუალება

desinfiointiaine

ინფექცია

infektio

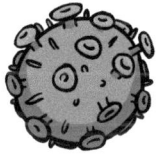

ვირუსი

virus

აივ / შიდსი

HIV / AIDS

წამალი

lääke

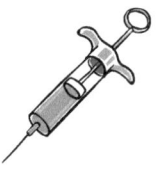

ვაქცინაცია

rokotus

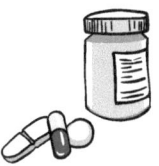

ტაბლეტები

tabletit

აბი

pilleri

დაუდებელი გამოძახება

hätäpuhelu

წნევის საზომი აპარატი

verenpainemittari

ავადმყოფი / ჯანმრთელი

sairas / terve

გადაუდებელი შემთხვევა
hätätilanne

დამეხმარეთ!

Apua!

განგაში

hälytys

თავდასხმა

ryöstö

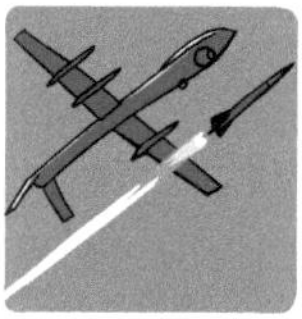

შეტევა

hyökkäys

საფრთხე

vaara

საგანგებო გასასვლელი

hätäuloskäynti

ხანძარი!

Tulipalo!

ცეცხლსაქრობი

palosammutin

უბედური შემთხვევა

onnettomuus

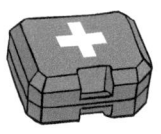

პირველადი დახმარების აფთიაქი

ensiapulaukku

SOS

SOS

პოლიცია

poliisilaitos

დედამიწა

maa

ევროპა

Eurooppa

ჩრდილოეთ ამერიკა

Pohjois-Amerikka

სამხრეთ ამერიკა

Etelä-Amerikka

აფრიკა

Afrikka

აზია

Aasia

ავსტრალია

Australia

ატლანტიკა

Atlantin valtameri

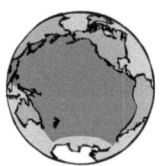

წყნარი ოკეანე

Tyynimeri

ინდოეთის ოკეანე

Intian valtameri

ანტარქტიკის ოკეანე

Eteläinen jäämeri

ჩრდილოეთის ყინულოვანი ოკეანე

Pohjoinen jäämeri

ჩრდილოეთ პოლუსი

pohjoisnapa

სამხრეთ პოლუსი

etelänapa

ანტარქტიდა

Antarktis

დედამიწა

maa

ხმელეთი

maa

ზღვა

meri

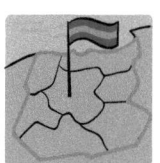

კუნძული

saari

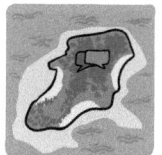

ერი

kansa

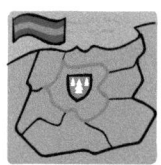

სახელმწიფო

osavaltio

საათი

kello

ციფერბლატი

kellotaulu

საათების ისარი

tuntiviisari

წუთების ისარი

minuuttiviisari

წამების ისარი

sekuntiviisari

რომელი საათია?

Paljonko kello on?

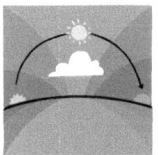

დღე

päivä

დრო

aika

ახლა

nyt

ციფრული საათი

digitaalikello

წუთი

minuutti

საათი

tunti

კვირა

viikko

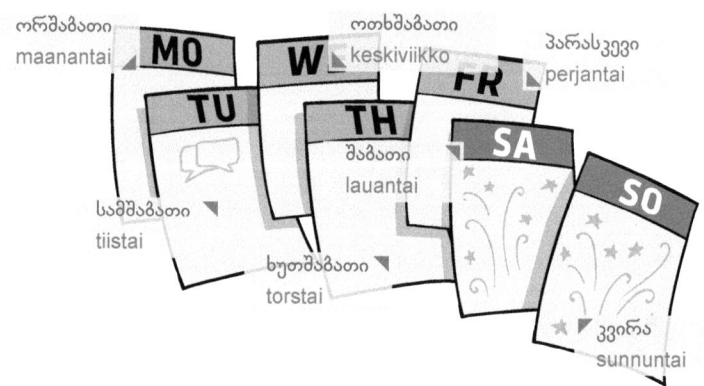

ორშაბათი
maanantai

ოთხშაბათი
keskiviikko

პარასკევი
perjantai

სამშაბათი
tiistai

შაბათი
lauantai

ხუთშაბათი
torstai

კვირა
sunnuntai

გუშინ
eilen

დღეს
tänään

ხვალ
huomenna

დილა
aamu

შუადღე
keskipäivä

საღამო
ilta

სამუშაო დღეები
työpäivät

შაბათი-კვირა
viikonloppu

წელი
vuosi

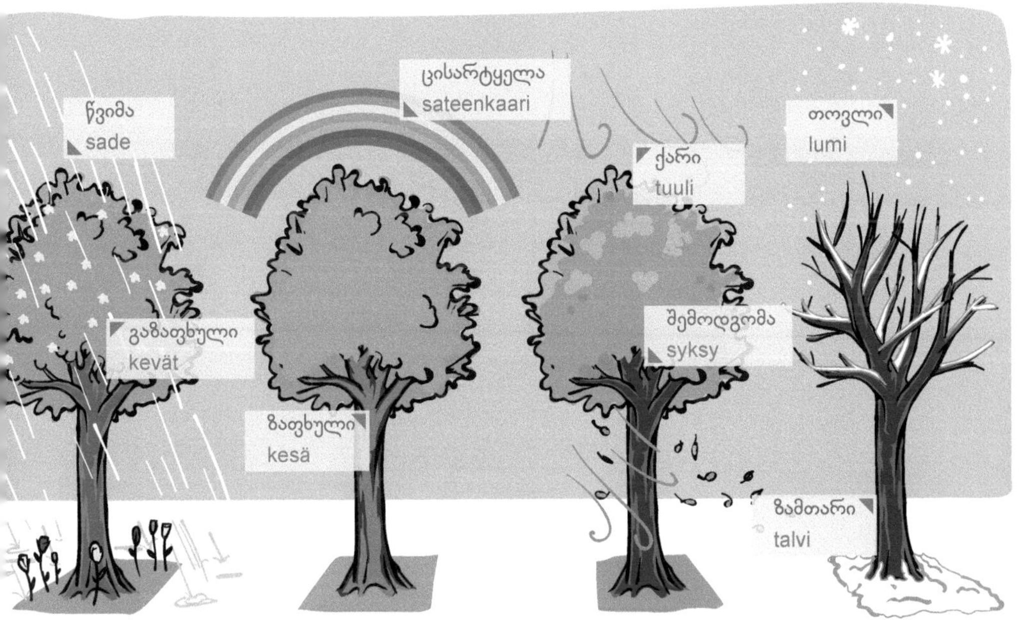

წვიმა
sade
ცისარტყელა
sateenkaari
თოვლი
lumi
ქარი
tuuli
გაზაფხული
kevät
შემოდგომა
syksy
ზაფხული
kesä
ზამთარი
talvi

4.APRIL 11°
5.APRIL 4°
6.APRIL 13°
7.APRIL 8°
8.APRIL 10°

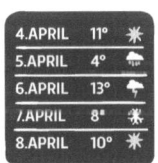

ამინდის პროგნოზი

säännuste

F C
120 40
90 30
60 20
30 10
0 0
-30 -10
-20

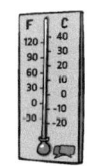

თერმომეტრი

lämpömittari

მზის სხივი

auringonpaiste

ღრუბელი

pilvi

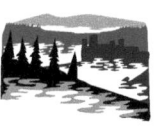

ნისლი

sumu

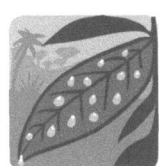

ტენიანობა

ilmankosteus

ელვა

salama

ქუხილი

ukkonen

შტორმი

myrsky

სეტყვა

rae

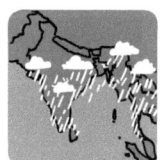

მუსონი

monsuuni

წყალდიდობა

tulva

ყინული

jää

იანვარი

tammikuu

თებერვალი

helmikuu

მარტი

maaliskuu

აპრილი

huhtikuu

მაისი

toukokuu

ივნისი

kesäkuu

ივლისი

heinäkuu

აგვისტო

elokuu

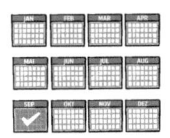

სექტემბერი
syyskuu

ოქტომბერი
lokakuu

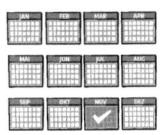

ნოემბერი
marraskuu

დეკემბერი
joulukuu

ფორმები
muodot

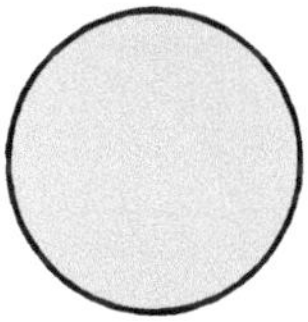

წრე
ympyrä

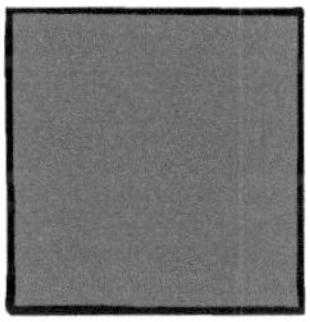

კვადრატი
neliö

მართკუთხედი
suorakulmio

სამკუთხედი
kolmio

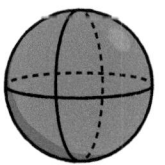

სფერო
pallo

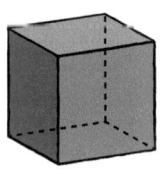

კუბი
kuutio

ფერები

värit

თეთრი

valkoinen

ყვითელი

keltainen

ნარინჯისფერი

oranssi

ვარდისფერი

vaaleanpunainen

წითელი

punainen

იისფერი

violetti

ცისფერი

sininen

მწვანე

vihreä

ყავისფერი

ruskea

ნაცრისფერი

harmaa

შავი

musta

საპირისპიროები

vastakohdat

ბევრი / ცოტა

paljon / vähän

გაბრაზებული / მშვიდი

vihainen / ystävällinen

ლამაზი / მახინჯი

kaunis / ruma

ასაწყისი / დასასრული

alku / loppu

დიდი / პატარა

suuri / pieni

ნათელი / მუქი

vaalea / tumma

ძმა / და

veli / sisko

სუფთა / ჭუჭყიანი

puhdas / likainen

სრული / არასრული

täydellinen / epätäydellinen

დღე / ღამე

päivä / yö

მკვდარი / ცოცხალი

kuollut / elävä

განიერი / ვიწრო

leveä / kapea

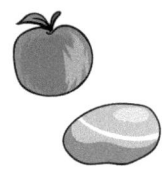

საჭმელად ვარგისი /
საჭმელად უვარგისი

syötävä / syömäkelvoton

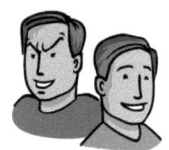

გოროტი / კეთილი

paha / kiltti

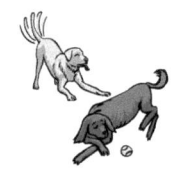

შთამბეჭდავი / მოსაწყენი

innostunut / tylsistynyt

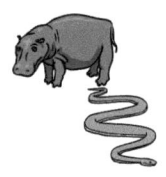

სქელი / თხელი

lihava / laiha

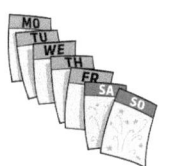

პირველი / ბოლო

ensimmäinen / viimeinen

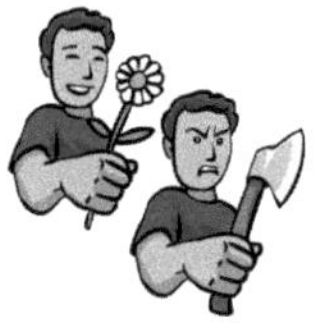

მეგობარი / მტერი

ystävä / vihollinen

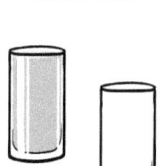

სრული / ცარიელი

täysi / tyhjä

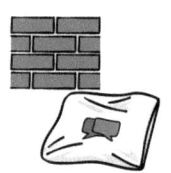

მყარი / რბილი

kova / pehmeä

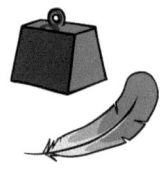

მძიმე / მსუბუქი

painava / kevyt

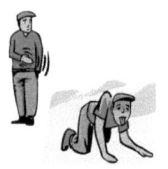

მოშიებული / მწყურვალე

nälkä / jano

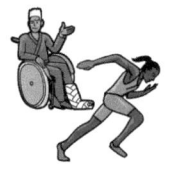

ავადმყოფი / ჯანმრთელი

sairas / terve

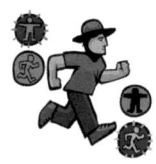

არალეგალური /
ლეგალური

laiton / laillinen

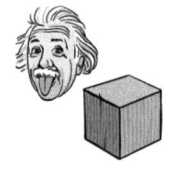

ინტელექტუალი / სულელი

älykäs / tyhmä

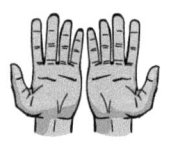

მარცხენა / მარჯვენა

vasen / oikea

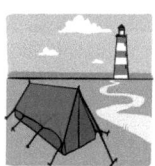

ახლოს / შორს

lähellä / kaukana

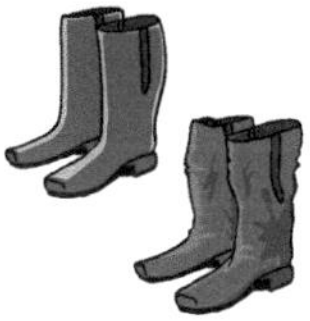

ალი / გამოყენებული

uusi / käytetty

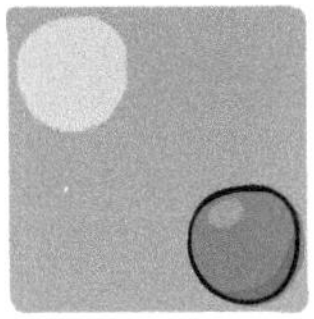

არაფერი / რაღაცა

ei mitään / jotain

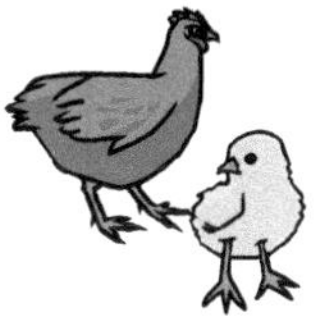

მოხუცი / ახალგაზრდა

vanha / nuori

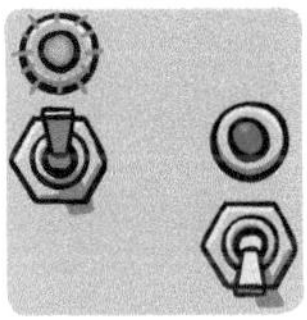

ჩართვა / გამორთვა

päällä / pois päältä

ღია / დახურული

auki / kiinni

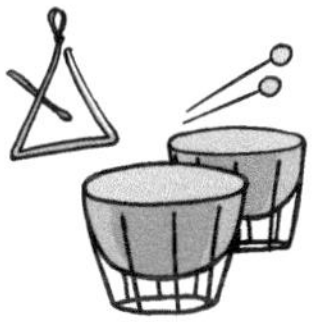

ჩუმი / ხმამაღალი

hiljainen / äänekäs

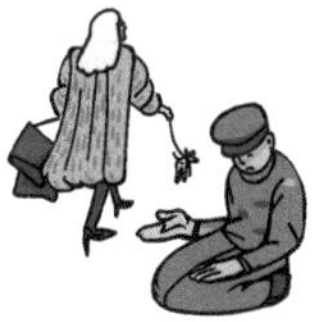

მდიდარი / ღარიბი

rikas / köyhä

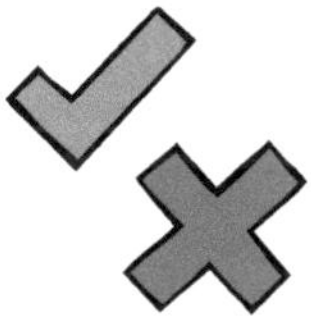

მართალი / მტყუანი

oikein / väärin

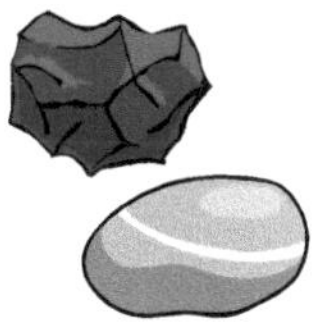

უხეში / გლუვი

karhea / sileä

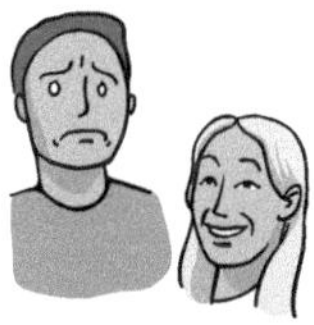

სევდიანი / ბედნიერი

surullinen / iloinen

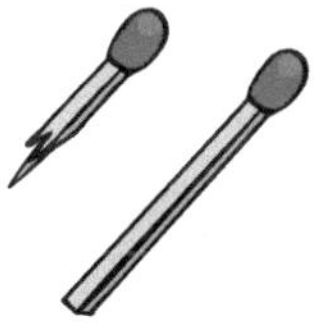

მოკლე / გრძელი

lyhyt / pitkä

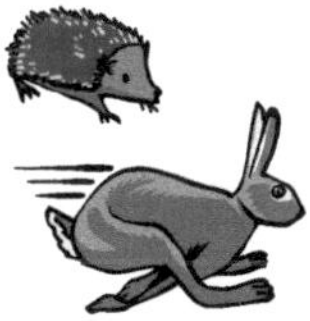

ნელი / სწრაფი

hidas / nopea

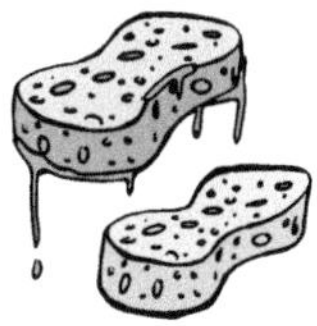

სველი / მშრალი

märkä / kuiva

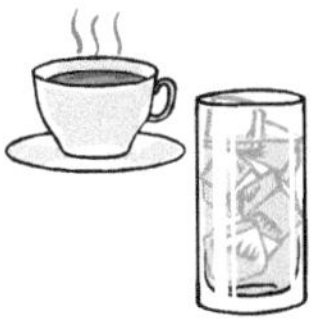

თბილი / გრილი

lämmin / viileä

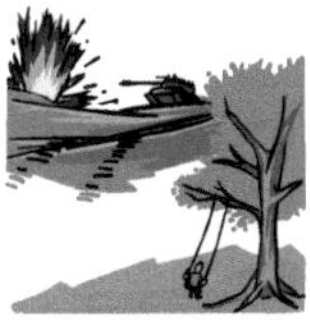

ომი / მშვიდობა

sota / rauha

რიცხვები
numerot

0

ნული

nolla

1

ერთი

yksi

2

ორი

kaksi

3

სამი

kolme

4

ოთხი

neljä

5

ხუთი

viisi

6

ექვსი

kuusi

7

შვიდი

seitsemän

8

რვა

kahdeksan

9

ცხრა

yhdeksän

10

ათი

kymmenen

11

თერთმეტი

yksitoista

12

თორმეტი

kaksitoista

13

ცამეტი

kolmetoista

14

თოთხმეტი

neljätoista

15

თხუთმეტი

viisitoista

16

თექვსმეტი

kuusitoista

17

ჩვიდმეტი

seitsemäntoista

18

თვრამეტი

kahdeksantoista

19

ცხრამეტი

yhdeksäntoista

20

ოცი

kaksikymmentä

100

ასი

sata

1.000

ათასი

tuhat

1.000.000

მილიონი

miljoona

ენები
kielet

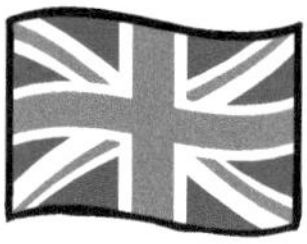

ინგლისური

englanti

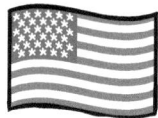

ამერიკული ინგლისური

amerikanenglanti

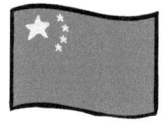

ჩინური მანდარინი

mandariinikiina

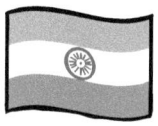

ჰინდი

hindi

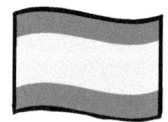

ესპანური

espanja

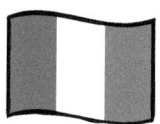

ფრანგული

ranska

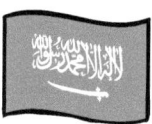

არაბული

arabia

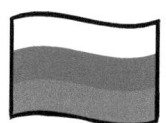

რუსული

venäjä

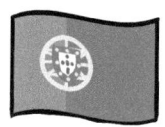

პორტუგალიური

portugali

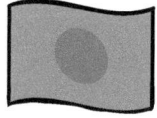

ბენგალური

bengali

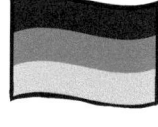

გერმანული

saksa

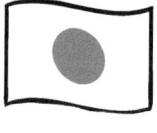

იაპონური

japani

ვინ / რა / როგორ
kuka / mitä / miten

მე

minä

შენ

sinä

ის / ის / იგი

hän

ჩვენ

me

თქვენ

te

ისინი

he

ვინ?

kuka?

რა?

mitä / mikä?

როგორ?

miten?

სად?

missä?

როდის?

milloin?

სახელი

nimi

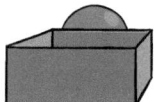

სად

missä

უკან

takana

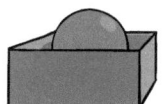

შიგნით

sisällä

წინ

edessä

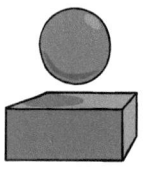

ზედ

yläpuolella

=-ზე

päällä

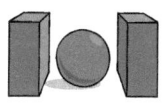

ქვეშ

alapuolella

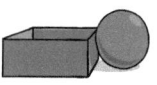

გვერდით

vieressä

შორის

välissä

ადგილი

paikka